Registro de revisitas y cursos bíblicos

Este libro pertenece a

_____

Estimados hermanos y hermanas,

Este libro incluye páginas de registro individuales para cada persona que están ayudando a conocer la Biblia. Incluye espacio para documentar el material cubierto en cada visita y preguntas pendientes.

Hay varias maneras de encontrar las páginas de registro y la información que necesita:

Organizado por territorios: Hay 20 páginas de territorio. Estas son ideales cuando uno quiere saber si hay alguien a quien visitar cerca de donde estamos. Hay un área donde se puede dibujar o pegar el territorio y marcar la ubicación de las personas a quienes visita. Recomendamos usar el número que corresponda al nombre de la persona en la lista. En la lista para cada territorio puede escribir el nombre de la persona y el número de página para su récord individual.

Organizado alfabéticamente: Hay un índice en blanco al final del libro. Ahí puede escribir el nombre de la persona y el número de la página donde se encuentra su récord individual. De este modo, cuando recuerde el nombre de una persona puede buscar el nombre en el índice y fácilmente encontrar su información.

Sinceramente esperamos que este libro sea un instrumento que les ayude a enseñarle a otros las verdades bíblicas.

Agape,

JKS Books and Gifts

Contenido

Nombre y número de territorio:_____

Dibuje en bolígrafo o pegue un mapa del territorio. Luego use lápiz, resaltador o un bolígrafo de otro color para marcar la ubicación de las personas a quienes visita. También puede marcar buenos lugares para descansar, comer o ir al baño.

Escriba los nombre de todos las revisitas y estudiantes a quienes visita en este territorio y la página donde se encuentra su récord detallado.

Nombre: Página

1._____ _____

2._____ _____

3._____ _____

4._____ _____

5._____ _____

6._____ _____

7._____ _____

8._____ _____

9._____ _____

10._____ _____

11._____ _____

12._____ _____

13._____ _____

14._____ _____

15._____ _____

16._____ _____

17._____ _____

18._____ _____

Nombre y número de territorio:_____

Dibuje en bolígrafo o pegue un mapa del territorio. Luego use lápiz, resaltador o un bolígrafo de otro color para marcar la ubicación de las personas a quienes visita. También puede marcar buenos lugares para descansar, comer o ir al baño.

Escriba los nombre de todos las revisitas y estudiantes a quienes visita en este territorio y la página donde se encuentra su récord detallado.

Nombre: Página

1._____ _____

2._____ _____

3._____ _____

4._____ _____

5._____ _____

6._____ _____

7._____ _____

8._____ _____

9._____ _____

10._____ _____

11._____ _____

12._____ _____

13._____ _____

14._____ _____

15._____ _____

16._____ _____

17._____ _____

18._____ _____

Nombre y número de territorio:_____

Dibuje en bolígrafo o pegue un mapa del territorio. Luego use lápiz, resaltador o un bolígrafo de otro color para marcar la ubicación de las personas a quienes visita. También puede marcar buenos lugares para descansar, comer o ir al baño.

Escriba los nombre de todos las revisitas y estudiantes a quienes visita en este territorio y la página donde se encuentra su récord detallado.

Nombre: Página

1. _____ _____

2. _____ _____

3. _____ _____

4. _____ _____

5. _____ _____

6. _____ _____

7. _____ _____

8. _____ _____

9. _____ _____

10. _____ _____

11. _____ _____

12. _____ _____

13. _____ _____

14. _____ _____

15. _____ _____

16. _____ _____

17. _____ _____

18. _____ _____

Nombre y número de territorio:_____

Use a pen to draw a map of the territory on the page to the left. Use a pencil to number and mark the locations of your return visits and bible studies.

Escriba los nombre de todos las revisitas y estudiantes a quienes visita en este territorio y la página donde se encuentra su récord detallado.

Nombre: Página

1. _____ _____

2. _____ _____

3. _____ _____

4. _____ _____

5. _____ _____

6. _____ _____

7. _____ _____

8. _____ _____

9. _____ _____

10. _____ _____

11. _____ _____

12. _____ _____

13. _____ _____

14. _____ _____

15. _____ _____

16. _____ _____

17. _____ _____

18. _____ _____

Nombre y número de territorio:_____

Dibuje en bolígrafo o pegue un mapa del territorio. Luego use lápiz, resaltador o un bolígrafo de otro color para marcar la ubicación de las personas a quienes visita. También puede marcar buenos lugares para descansar, comer o ir al baño.

Escriba los nombre de todos las revisitas y estudiantes a quienes visita en este territorio y la página donde se encuentra su récord detallado.

Nombre: Página

1. _____ _____

2. _____ _____

3. _____ _____

4. _____ _____

5. _____ _____

6. _____ _____

7. _____ _____

8. _____ _____

9. _____ _____

10. _____ _____

11. _____ _____

12. _____ _____

13. _____ _____

14. _____ _____

15. _____ _____

16. _____ _____

17. _____ _____

18. _____ _____

Nombre y número de territorio:_____

Dibuje en bolígrafo o pegue un mapa del territorio. Luego use lápiz, resaltador o un bolígrafo de otro color para marcar la ubicación de las personas a quienes visita. También puede marcar buenos lugares para descansar, comer o ir al baño.

Escriba los nombre de todos las revisitas y estudiantes a quienes visita en este territorio y la página donde se encuentra su récord detallado.

Nombre: Página

1._____ _____

2._____ _____

3._____ _____

4._____ _____

5._____ _____

6._____ _____

7._____ _____

8._____ _____

9._____ _____

10._____ _____

11._____ _____

12._____ _____

13._____ _____

14._____ _____

15._____ _____

16._____ _____

17._____ _____

18._____ _____

Nombre y número de territorio:_____

Dibuje en bolígrafo o pegue un mapa del territorio. Luego use lápiz, resaltador o un bolígrafo de otro color para marcar la ubicación de las personas a quienes visita. También puede marcar buenos lugares para descansar, comer o ir al baño. .

Escriba los nombre de todos las revisitas y estudiantes a quienes visita en este territorio y la página donde se encuentra su récord detallado.

Nombre: Página

1. _____ _____

2. _____ _____

3. _____ _____

4. _____ _____

5. _____ _____

6. _____ _____

7. _____ _____

8. _____ _____

9. _____ _____

10. _____ _____

11. _____ _____

12. _____ _____

13. _____ _____

14. _____ _____

15. _____ _____

16. _____ _____

17. _____ _____

18. _____ _____

Nombre y número de territorio:_____

Dibuje en bolígrafo o pegue un mapa del territorio. Luego use lápiz, resaltador o un bolígrafo de otro color para marcar la ubicación de las personas a quienes visita. También puede marcar buenos lugares para descansar, comer o ir al baño.

Escriba los nombre de todos las revisitas y estudiantes a quienes visita en este territorio y la página donde se encuentra su récord detallado.

Nombre: Página

1._____ _____

2._____ _____

3._____ _____

4._____ _____

5._____ _____

6._____ _____

7._____ _____

8._____ _____

9._____ _____

10._____ _____

11._____ _____

12._____ _____

13._____ _____

14._____ _____

15._____ _____

16._____ _____

17._____ _____

18._____ _____

Nombre y número de territorio:_____

Dibuje en bolígrafo o pegue un mapa del territorio. Luego use lápiz, resaltador o un bolígrafo de otro color para marcar la ubicación de las personas a quienes visita. También puede marcar buenos lugares para descansar, comer o ir al baño.

Escriba los nombre de todos las revisitas y estudiantes a quienes visita en este territorio y la página donde se encuentra su récord detallado.

Nombre: Página

1._____   _____

2._____   _____

3._____   _____

4._____   _____

5._____   _____

6._____   _____

7._____   _____

8._____   _____

9._____   _____

10._____   _____

11._____   _____

12._____   _____

13._____   _____

14._____   _____

15._____   _____

16._____   _____

17._____   _____

18._____   _____

Nombre y número de territorio:_____

Dibuje en bolígrafo o pegue un mapa del territorio. Luego use lápiz, resaltador o un bolígrafo de otro color para marcar la ubicación de las personas a quienes visita. También puede marcar buenos lugares para descansar, comer o ir al baño.

Escriba los nombre de todos las revisitas y estudiantes a quienes visita en este territorio y la página donde se encuentra su récord detallado.

Nombre: Página

1._____ _____

2._____ _____

3._____ _____

4._____ _____

5._____ _____

6._____ _____

7._____ _____

8._____ _____

9._____ _____

10. _____ _____

11. _____ _____

12. _____ _____

13. _____ _____

14. _____ _____

15. _____ _____

16. _____ _____

17. _____ _____

18. _____ _____

Nombre y número de territorio:_____

Dibuje en bolígrafo o pegue un mapa del territorio. Luego use lápiz, resaltador o un bolígrafo de otro color para marcar la ubicación de las personas a quienes visita. También puede marcar buenos lugares para descansar, comer o ir al baño.

Escriba los nombre de todos las revisitas y estudiantes a quienes visita en este territorio y la página donde se encuentra su récord detallado.

Nombre: Página

1. _____ _____

2. _____ _____

3. _____ _____

4. _____ _____

5. _____ _____

6. _____ _____

7. _____ _____

8. _____ _____

9. _____ _____

10. _____ _____

11. _____ _____

12. _____ _____

13. _____ _____

14. _____ _____

15. _____ _____

16. _____ _____

17. _____ _____

18. _____ _____

Nombre y número de territorio:_____

Dibuje en bolígrafo o pegue un mapa del territorio. Luego use lápiz, resaltador o un bolígrafo de otro color para marcar la ubicación de las personas a quienes visita. También puede marcar buenos lugares para descansar, comer o ir al baño.

Escriba los nombre de todos las revisitas y estudiantes a quienes visita en este territorio y la página donde se encuentra su récord detallado.

Nombre: Página

1._____   _____

2._____   _____

3._____   _____

4._____   _____

5._____   _____

6._____   _____

7._____   _____

8._____   _____

9._____   _____

10._____   _____

11._____   _____

12._____   _____

13._____   _____

14._____   _____

15._____   _____

16._____   _____

17._____   _____

18._____   _____

Nombre y número de territorio:_____

Dibuje en bolígrafo o pegue un mapa del territorio. Luego use lápiz, resaltador o un bolígrafo de otro color para marcar la ubicación de las personas a quienes visita. También puede marcar buenos lugares para descansar, comer o ir al baño.

Escriba los nombre de todos las revisitas y estudiantes a quienes visita en este territorio y la página donde se encuentra su récord detallado.

Nombre: Página

1._____ _____

2._____ _____

3._____ _____

4._____ _____

5._____ _____

6._____ _____

7._____ _____

8._____ _____

9._____ _____

10. _____ _____

11. _____ _____

12. _____ _____

13. _____ _____

14. _____ _____

15. _____ _____

16. _____ _____

17. _____ _____

18. _____ _____

Nombre y número de territorio:_____

Dibuje en bolígrafo o pegue un mapa del territorio. Luego use lápiz, resaltador o un bolígrafo de otro color para marcar la ubicación de las personas a quienes visita. También puede marcar buenos lugares para descansar, comer o ir al baño.

Escriba los nombre de todos las revisitas y estudiantes a quienes visita en este territorio y la página donde se encuentra su récord detallado.

Nombre: Página

1. _____   _____

2. _____   _____

3. _____   _____

4. _____   _____

5. _____   _____

6. _____   _____

7. _____   _____

8. _____   _____

9. _____   _____

10. _____   _____

11. _____   _____

12. _____   _____

13. _____   _____

14. _____   _____

15. _____   _____

16. _____   _____

17. _____   _____

18. _____   _____

Nombre y número de territorio:_____

Dibuje en bolígrafo o pegue un mapa del territorio. Luego use lápiz, resaltador o un bolígrafo de otro color para marcar la ubicación de las personas a quienes visita. También puede marcar buenos lugares para descansar, comer o ir al baño.

Escriba los nombre de todos las revisitas y estudiantes a quienes visita en este territorio y la página donde se encuentra su récord detallado.

Nombre: Página

1._____ _____

2._____ _____

3._____ _____

4._____ _____

5._____ _____

6._____ _____

7._____ _____

8._____ _____

9._____ _____

10._____ _____

11._____ _____

12._____ _____

13._____ _____

14._____ _____

15._____ _____

16._____ _____

17._____ _____

18._____ _____

Nombre y número de territorio:_____

Dibuje en bolígrafo o pegue un mapa del territorio. Luego use lápiz, resaltador o un bolígrafo de otro color para marcar la ubicación de las personas a quienes visita. También puede marcar buenos lugares para descansar, comer o ir al baño.

Escriba los nombre de todos las revisitas y estudiantes a quienes visita en este territorio y la página donde se encuentra su récord detallado.

Nombre: Página

1. _____ _____

2. _____ _____

3. _____ _____

4. _____ _____

5. _____ _____

6. _____ _____

7. _____ _____

8. _____ _____

9. _____ _____

10. _____ _____

11. _____ _____

12. _____ _____

13. _____ _____

14. _____ _____

15. _____ _____

16. _____ _____

17. _____ _____

18. _____ _____

Nombre y número de territorio:_____

Dibuje en bolígrafo o pegue un mapa del territorio. Luego use lápiz, resaltador o un bolígrafo de otro color para marcar la ubicación de las personas a quienes visita. También puede marcar buenos lugares para descansar, comer o ir al baño.

Escriba los nombre de todos las revisitas y estudiantes a quienes visita en este territorio y la página donde se encuentra su récord detallado.

Nombre: Página

1._____ _____

2._____ _____

3._____ _____

4._____ _____

5._____ _____

6._____ _____

7._____ _____

8._____ _____

9._____ _____

10._____ _____

11._____ _____

12._____ _____

13._____ _____

14._____ _____

15._____ _____

16._____ _____

17._____ _____

18._____ _____

Nombre y número de territorio:_____

Dibuje en bolígrafo o pegue un mapa del territorio. Luego use lápiz, resaltador o un bolígrafo de otro color para marcar la ubicación de las personas a quienes visita. También puede marcar buenos lugares para descansar, comer o ir al baño.

Escriba los nombre de todos las revisitas y estudiantes a quienes visita en este territorio y la página donde se encuentra su récord detallado.

Nombre: Página

1. _____   _____

2. _____   _____

3. _____   _____

4. _____   _____

5. _____   _____

6. _____   _____

7. _____   _____

8. _____   _____

9. _____   _____

10. _____   _____

11. _____   _____

12. _____   _____

13. _____   _____

14. _____   _____

15. _____   _____

16. _____   _____

17. _____   _____

18. _____   _____

Nombre y número de territorio:_____

Dibuje en bolígrafo o pegue un mapa del territorio. Luego use lápiz, resaltador o un bolígrafo de otro color para marcar la ubicación de las personas a quienes visita. También puede marcar buenos lugares para descansar, comer o ir al baño.

Escriba los nombre de todos las revisitas y estudiantes a quienes visita en este territorio y la página donde se encuentra su récord detallado.

Nombre: Página

1._____   _____

2._____   _____

3._____   _____

4._____   _____

5._____   _____

6._____   _____

7._____   _____

8._____   _____

9._____   _____

10._____   _____

11._____   _____

12._____   _____

13._____   _____

14._____   _____

15._____   _____

16._____   _____

17._____   _____

18._____   _____

Nombre y número de territorio:_____

Dibuje en bolígrafo o pegue un mapa del territorio. Luego use lápiz, resaltador o un bolígrafo de otro color para marcar la ubicación de las personas a quienes visita. También puede marcar buenos lugares para descansar, comer o ir al baño.

Escriba los nombre de todos las revisitas y estudiantes a quienes visita en este territorio y la página donde se encuentra su récord detallado.

Nombre: Página

1._____   _____

2._____   _____

3._____   _____

4._____   _____

5._____   _____

6._____   _____

7._____   _____

8._____   _____

9._____   _____

10. _____   _____

11. _____   _____

12. _____   _____

13. _____   _____

14. _____   _____

15. _____   _____

16. _____   _____

17. _____   _____

18. _____   _____

Nombre: _____   Territorio

Dirección: _____

Teléfono: _____

Email: _____

Mejor momento para visitar: _____

☐ Revisita, primera visita:_____   ☐ Curso bíblico desde:_____

Intereses / Preguntas bíblicas:

Notas:

Fecha	Tema bíblico tratado	Material cubierto	Tarea/Pregunta pendiente

☐ Invitación a la conmemoración   ☐ Invitación a la asamblea

Nombre: _____ Territorio
Dirección: _____
Teléfono:_____
Email: _____
Mejor momento para visitar: _____
○ Revisita, primera visita:_____ ○ Curso bíblico desde:_____

Intereses / Preguntas bíblicas:

Notas:

Fecha	Tema bíblico tratado	Material cubierto	Tarea/Pregunta pendiente

○ Invitación a la conmemoración   ○ Invitación a la asamblea

Nombre: ———————————————————— Territorio

Dirección: ————————————————————

Teléfono: ————————————————————

Email: ————————————————————

Mejor momento para visitar: ————————————

⬭ Revisita, primera visita:_____ ⬭ Curso bíblico desde:_____

Intereses / Preguntas bíblicas:

Notas:

Fecha	Tema bíblico tratado	Material cubierto	Tarea/Pregunta pendiente

⬭ Invitación a la conmemoración   ⬭ Invitación a la asamblea

Nombre: _____
Dirección: _____
Teléfono:_____
Email: _____
Mejor momento para visitar: _____

Territorio

◯ Revisita, primera visita:_____ ◯ Curso bíblico desde:_____

Intereses / Preguntas bíblicas:

Notas:

Fecha	Tema bíblico tratado	Material cubierto	Tarea/Pregunta pendiente

◯ Invitación a la conmemoración   ◯ Invitación a la asamblea   47

Nombre: _____

Dirección: _____

Teléfono: _____

Email: _____

Mejor momento para visitar: _____

Territorio

○ Revisita, primera visita:_____ ○ Curso bíblico desde:_____

Intereses / Preguntas bíblicas:

Notas:

Fecha	Tema bíblico tratado	Material cubierto	Tarea/Pregunta pendiente

○ Invitación a la conmemoración   ○ Invitación a la asamblea

Nombre: _____ Territorio

Dirección: _____

Teléfono: _____

Email: _____

Mejor momento para visitar: _____

☐ Revisita, primera visita: _____ ☐ Curso bíblico desde: _____

Intereses / Preguntas bíblicas:

Notas:

Fecha	Tema bíblico tratado	Material cubierto	Tarea/Pregunta pendiente

☐ Invitación a la conmemoración   ☐ Invitación a la asamblea   49

Nombre: ─────────────────────────── Territorio
Dirección: ──────────────────────────
Teléfono:────────────────────────────
Email: ──────────────────────────────
Mejor momento para visitar: ──────────────
◯ Revisita, primera visita:_____ ◯ Curso bíblico desde:_____

Intereses / Preguntas bíblicas:

Notas:

Fecha	Tema bíblico tratado	Material cubierto	Tarea/Pregunta pendiente

◯ Invitación a la conmemoración ◯ Invitación a la asamblea

Nombre: _____

Dirección: _____

Teléfono: _____

Email: _____

Mejor momento para visitar: _____

Territorio

◯

◯ Revisita, primera visita: _____   ◯ Curso bíblico desde: _____

Intereses / Preguntas bíblicas:

Notas:

Fecha	Tema bíblico tratado	Material cubierto	Tarea/Pregunta pendiente

◯ Invitación a la conmemoración   ◯ Invitación a la asamblea   51

Nombre: _____ Territorio

Dirección: _____

Teléfono: _____

Email: _____

Mejor momento para visitar: _____

○ Revisita, primera visita:_____   ○ Curso bíblico desde:_____

Intereses / Preguntas bíblicas:

Notas:

Fecha	Tema bíblico tratado	Material cubierto	Tarea/Pregunta pendiente

○ Invitación a la conmemoración   ○ Invitación a la asamblea

Nombre: ———————————————— Territorio

Dirección: ————————————————

Teléfono:————————————————

Email: ————————————————

Mejor momento para visitar: ————————————

☐ Revisita, primera visita:——————— ☐ Curso bíblico desde:———————

Intereses / Preguntas bíblicas:

Notas:

Fecha	Tema bíblico tratado	Material cubierto	Tarea/Pregunta pendiente

☐ Invitación a la conmemoración   ☐ Invitación a la asamblea   53

Nombre: _____

Dirección: _____

Teléfono: _____

Email: _____

Mejor momento para visitar: _____

Territorio

☐ Revisita, primera visita:_____ ☐ Curso bíblico desde:_____

Intereses / Preguntas bíblicas:

Notas:

Fecha	Tema bíblico tratado	Material cubierto	Tarea/Pregunta pendiente

☐ Invitación a la conmemoración   ☐ Invitación a la asamblea

Nombre: _____ Territorio

Dirección: _____

Teléfono: _____

Email: _____

Mejor momento para visitar: _____

☐ Revisita, primera visita: _____ ☐ Curso bíblico desde: _____

Intereses / Preguntas bíblicas:

Notas:

Fecha	Tema bíblico tratado	Material cubierto	Tarea/Pregunta pendiente

☐ Invitación a la conmemoración   ☐ Invitación a la asamblea   55

Nombre: _____ Territorio

Dirección: _____

Teléfono: _____

Email: _____

Mejor momento para visitar: _____

☐ Revisita, primera visita:_____ ☐ Curso bíblico desde:_____

Intereses / Preguntas bíblicas:

Notas:

Fecha	Tema bíblico tratado	Material cubierto	Tarea/Pregunta pendiente

☐ Invitación a la conmemoración   ☐ Invitación a la asamblea

Nombre: ——————————————————————— Territorio
Dirección: ———————————————————————
Teléfono:———————————————————————
Email: ———————————————————————
Mejor momento para visitar: ———————————
○ Revisita, primera visita:_____ ○ Curso bíblico desde:_____

Intereses / Preguntas bíblicas:

Notas:

Fecha	Tema bíblico tratado	Material cubierto	Tarea/Pregunta pendiente

○ Invitación a la conmemoración ○ Invitación a la asamblea 57

Nombre: _____ Territorio

Dirección: _____

Teléfono: _____

Email: _____

Mejor momento para visitar: _____

○ Revisita, primera visita: _____ ○ Curso bíblico desde: _____

Intereses / Preguntas bíblicas:

Notas:

Fecha	Tema bíblico tratado	Material cubierto	Tarea/Pregunta pendiente

○ Invitación a la conmemoración   ○ Invitación a la asamblea

Nombre: _____   Territorio

Dirección: _____

Teléfono: _____

Email: _____

Mejor momento para visitar: _____

☐ Revisita, primera visita:_____ ☐ Curso bíblico desde:_____

Intereses / Preguntas bíblicas:

Notas:

Fecha	Tema bíblico tratado	Material cubierto	Tarea/Pregunta pendiente

☐ Invitación a la conmemoración   ☐ Invitación a la asamblea   59

Nombre: _____ Territorio

Dirección: _____

Teléfono:_____

Email: _____

Mejor momento para visitar: _____

☐ Revisita, primera visita:_____ ☐ Curso bíblico desde:_____

Intereses / Preguntas bíblicas:

Notas:

Fecha	Tema bíblico tratado	Material cubierto	Tarea/Pregunta pendiente

☐ Invitación a la conmemoración   ☐ Invitación a la asamblea

Nombre: _____ Territorio

Dirección: _____

Teléfono:_____

Email: _____

Mejor momento para visitar: _____

○ Revisita, primera visita:_____ ○ Curso bíblico desde:_____

Intereses / Preguntas bíblicas:

Notas:

Fecha	Tema bíblico tratado	Material cubierto	Tarea/Pregunta pendiente

○ Invitación a la conmemoración   ○ Invitación a la asamblea   61

Nombre: ———————————————————————

Dirección: ————————————————————

Teléfono:————————————————————

Email: ———————————————————————

Mejor momento para visitar: ————————

○ Revisita, primera visita:_____ ○ Curso bíblico desde:_____

Territorio

Intereses / Preguntas bíblicas:

Notas:

Fecha	Tema bíblico tratado	Material cubierto	Tarea/Pregunta pendiente

○ Invitación a la conmemoración   ○ Invitación a la asamblea

Nombre: ————————————————— Territorio
Dirección: _____
Teléfono:_____
Email: _____
Mejor momento para visitar: _____
◻ Revisita, primera visita:_____ ◻ Curso bíblico desde:_____

Intereses / Preguntas bíblicas:

Notas:

Fecha	Tema bíblico tratado	Material cubierto	Tarea/Pregunta pendiente

◻ Invitación a la conmemoración   ◻ Invitación a la asamblea   63

Nombre: _____ Territorio

Dirección: _____

Teléfono: _____

Email: _____

Mejor momento para visitar: _____

☐ Revisita, primera visita:_____ ☐ Curso bíblico desde:_____

Intereses / Preguntas bíblicas:

Notas:

Fecha	Tema bíblico tratado	Material cubierto	Tarea/Pregunta pendiente

☐ Invitación a la conmemoración   ☐ Invitación a la asamblea

Nombre: ———————————————————————		Territorio
Dirección: ———————————————————————		
Teléfono:———————————————————————		
Email: ———————————————————————		
Mejor momento para visitar: ———————————		
☐ Revisita, primera visita:_____ ☐ Curso bíblico desde:_____		

Intereses / Preguntas bíblicas:

Notas:

Fecha	Tema bíblico tratado	Material cubierto	Tarea/Pregunta pendiente

☐ Invitación a la conmemoración   ☐ Invitación a la asamblea   65

Nombre: ————————————————————————
Dirección: ——————————————————————
Teléfono: ——————————————————————
Email: ——————————————————————
Mejor momento para visitar: ————————————

Territorio

○ Revisita, primera visita:_____   ○ Curso bíblico desde:_____

Intereses / Preguntas bíblicas:

Notas:

Fecha	Tema bíblico tratado	Material cubierto	Tarea/Pregunta pendiente

○ Invitación a la conmemoración   ○ Invitación a la asamblea

Nombre: _____

Dirección: _____

Teléfono: _____

Email: _____

Mejor momento para visitar: _____

Territorio

☐ Revisita, primera visita:_____   ☐ Curso bíblico desde:_____

Intereses / Preguntas bíblicas:

Notas:

Fecha	Tema bíblico tratado	Material cubierto	Tarea/Pregunta pendiente

☐ Invitación a la conmemoración   ☐ Invitación a la asamblea

Nombre: _____   Territorio

Dirección: _____

Teléfono: _____

Email: _____

Mejor momento para visitar: _____

☐ Revisita, primera visita:_____   ☐ Curso bíblico desde:_____

Intereses / Preguntas bíblicas:

Notas:

Fecha	Tema bíblico tratado	Material cubierto	Tarea/Pregunta pendiente

☐ Invitación a la conmemoración   ☐ Invitación a la asamblea

Nombre: _____ Territorio
Dirección: _____
Teléfono:_____
Email: _____
Mejor momento para visitar: _____
☐ Revisita, primera visita:_____ ☐ Curso bíblico desde:_____

Intereses / Preguntas bíblicas:

Notas:

Fecha	Tema bíblico tratado	Material cubierto	Tarea/Pregunta pendiente

☐ Invitación a la conmemoración   ☐ Invitación a la asamblea

Nombre: _____

Dirección: _____

Teléfono: _____

Email: _____

Mejor momento para visitar: _____

Territorio

○ Revisita, primera visita:_____ ○ Curso bíblico desde:_____

Intereses / Preguntas bíblicas:

Notas:

Fecha	Tema bíblico tratado	Material cubierto	Tarea/Pregunta pendiente

○ Invitación a la conmemoración   ○ Invitación a la asamblea

Nombre: _____   Territorio
Dirección: _____
Teléfono: _____
Email: _____
Mejor momento para visitar: _____
☐ Revisita, primera visita:_____   ☐ Curso bíblico desde:_____

Intereses / Preguntas bíblicas:

Notas:

Fecha	Tema bíblico tratado	Material cubierto	Tarea/Pregunta pendiente

☐ Invitación a la conmemoración   ☐ Invitación a la asamblea   71

Nombre: _____ Territorio
Dirección: _____
Teléfono:_____
Email: _____
Mejor momento para visitar: _____
◯ Revisita, primera visita:_____ ◯ Curso bíblico desde:_____

Intereses / Preguntas bíblicas:

Notas:

Fecha	Tema bíblico tratado	Material cubierto	Tarea/Pregunta pendiente

◯ Invitación a la conmemoración   ◯ Invitación a la asamblea

Nombre: ———————————————————— Territorio

Dirección: ————————————————————

Teléfono:————————————————————

Email: ————————————————————

Mejor momento para visitar: ————————————

◯ Revisita, primera visita:_____ ◯ Curso bíblico desde:_____

Intereses / Preguntas bíblicas:

Notas:

Fecha	Tema bíblico tratado	Material cubierto	Tarea/Pregunta pendiente

◯ Invitación a la conmemoración   ◯ Invitación a la asamblea   73

Nombre: _____ Territorio

Dirección: _____

Teléfono: _____

Email: _____

Mejor momento para visitar: _____

☐ Revisita, primera visita:_____ ☐ Curso bíblico desde:_____

Intereses / Preguntas bíblicas:

Notas:

Fecha	Tema bíblico tratado	Material cubierto	Tarea/Pregunta pendiente

☐ Invitación a la conmemoración   ☐ Invitación a la asamblea

Nombre: _____   Territorio

Dirección: _____

Teléfono:_____

Email: _____

Mejor momento para visitar: _____

⬭ Revisita, primera visita:_____   ⬭ Curso bíblico desde:_____

Intereses / Preguntas bíblicas:

Notas:

Fecha	Tema bíblico tratado	Material cubierto	Tarea/Pregunta pendiente

⬭ Invitación a la conmemoración   ⬭ Invitación a la asamblea   75

Nombre: _____ Territorio

Dirección: _____

Teléfono: _____

Email: _____

Mejor momento para visitar: _____

☐ Revisita, primera visita:_____ ☐ Curso bíblico desde:_____

Intereses / Preguntas bíblicas:

Notas:

Fecha	Tema bíblico tratado	Material cubierto	Tarea/Pregunta pendiente

☐ Invitación a la conmemoración   ☐ Invitación a la asamblea

Nombre: _____ Territorio

Dirección: _____

Teléfono: _____

Email: _____

Mejor momento para visitar: _____

☐ Revisita, primera visita:_____ ☐ Curso bíblico desde:_____

Intereses / Preguntas bíblicas:

Notas:

Fecha	Tema bíblico tratado	Material cubierto	Tarea/Pregunta pendiente

☐ Invitación a la conmemoración   ☐ Invitación a la asamblea   77

Nombre: _____ Territorio

Dirección: _____

Teléfono: _____

Email: _____

Mejor momento para visitar: _____

☐ Revisita, primera visita: _____   ☐ Curso bíblico desde: _____

Intereses / Preguntas bíblicas:

Notas:

Fecha	Tema bíblico tratado	Material cubierto	Tarea/Pregunta pendiente

☐ Invitación a la conmemoración   ☐ Invitación a la asamblea

Nombre: _____ Territorio
Dirección: _____
Teléfono: _____
Email: _____
Mejor momento para visitar: _____
☐ Revisita, primera visita:_____ ☐ Curso bíblico desde:_____

Intereses / Preguntas bíblicas:

Notas:

Fecha	Tema bíblico tratado	Material cubierto	Tarea/Pregunta pendiente

☐ Invitación a la conmemoración   ☐ Invitación a la asamblea   79

Nombre: _____ Territorio

Dirección: _____

Teléfono: _____

Email: _____

Mejor momento para visitar: _____

☐ Revisita, primera visita: _____ ☐ Curso bíblico desde: _____

Intereses / Preguntas bíblicas:

Notas:

Fecha	Tema bíblico tratado	Material cubierto	Tarea/Pregunta pendiente

☐ Invitación a la conmemoración   ☐ Invitación a la asamblea

Nombre: _____ Territorio

Dirección: _____

Teléfono: _____

Email: _____

Mejor momento para visitar: _____

☐ Revisita, primera visita: _____ ☐ Curso bíblico desde: _____

Intereses / Preguntas bíblicas:

Notas:

Fecha	Tema bíblico tratado	Material cubierto	Tarea/Pregunta pendiente

☐ Invitación a la conmemoración   ☐ Invitación a la asamblea   81

Nombre: _____   Territorio

Dirección: _____

Teléfono: _____

Email: _____

Mejor momento para visitar: _____

☐ Revisita, primera visita: _____   ☐ Curso bíblico desde: _____

Intereses / Preguntas bíblicas:

Notas:

Fecha	Tema bíblico tratado	Material cubierto	Tarea/Pregunta pendiente

☐ Invitación a la conmemoración   ☐ Invitación a la asamblea

Nombre: _____ Territorio

Dirección: _____

Teléfono: _____

Email: _____

Mejor momento para visitar: _____

☐ Revisita, primera visita:_____ ☐ Curso bíblico desde:_____

Intereses / Preguntas bíblicas:

Notas:

Fecha	Tema bíblico tratado	Material cubierto	Tarea/Pregunta pendiente

☐ Invitación a la conmemoración   ☐ Invitación a la asamblea   83

Nombre: _____   Territorio

Dirección: _____

Teléfono: _____

Email: _____

Mejor momento para visitar: _____

◻ Revisita, primera visita:_____   ◻ Curso bíblico desde:_____

Intereses / Preguntas bíblicas:

Notas:

Fecha	Tema bíblico tratado	Material cubierto	Tarea/Pregunta pendiente

◻ Invitación a la conmemoración   ◻ Invitación a la asamblea

Nombre: _____   Territorio

Dirección: _____

Teléfono: _____

Email: _____

Mejor momento para visitar: _____

☐ Revisita, primera visita: _____   ☐ Curso bíblico desde: _____

Intereses / Preguntas bíblicas:

Notas:

Fecha	Tema bíblico tratado	Material cubierto	Tarea/Pregunta pendiente

☐ Invitación a la conmemoración   ☐ Invitación a la asamblea   85

Nombre: _____ Territorio

Dirección: _____

Teléfono: _____

Email: _____

Mejor momento para visitar: _____

☐ Revisita, primera visita:_____ ☐ Curso bíblico desde:_____

Intereses / Preguntas bíblicas:

Notas:

Fecha	Tema bíblico tratado	Material cubierto	Tarea/Pregunta pendiente

☐ Invitación a la conmemoración   ☐ Invitación a la asamblea

Nombre: _____ Territorio
Dirección: _____
Teléfono: _____
Email: _____
Mejor momento para visitar: _____
☐ Revisita, primera visita:_____ ☐ Curso bíblico desde:_____

Intereses / Preguntas bíblicas:

Notas:

Fecha	Tema bíblico tratado	Material cubierto	Tarea/Pregunta pendiente

☐ Invitación a la conmemoración   ☐ Invitación a la asamblea   87

Nombre: _____ Territorio

Dirección: _____

Teléfono:_____

Email: _____

Mejor momento para visitar: _____

☐ Revisita, primera visita:_____ ☐ Curso bíblico desde:_____

Intereses / Preguntas bíblicas:

Notas:

Fecha	Tema bíblico tratado	Material cubierto	Tarea/Pregunta pendiente

88   ☐ Invitación a la conmemoración   ☐ Invitación a la asamblea

Nombre: _____ Territorio

Dirección: _____

Teléfono:_____

Email: _____

Mejor momento para visitar: _____

☐ Revisita, primera visita:_____ ☐ Curso bíblico desde:_____

Intereses / Preguntas bíblicas:

Notas:

Fecha	Tema bíblico tratado	Material cubierto	Tarea/Pregunta pendiente

☐ Invitación a la conmemoración   ☐ Invitación a la asamblea   89

Nombre: _____ Territorio

Dirección: _____

Teléfono: _____

Email: _____

Mejor momento para visitar: _____

☐ Revisita, primera visita:_____ ☐ Curso bíblico desde:_____

Intereses / Preguntas bíblicas:

Notas:

Fecha	Tema bíblico tratado	Material cubierto	Tarea/Pregunta pendiente

☐ Invitación a la conmemoración   ☐ Invitación a la asamblea

Nombre: ———————————————————— Territorio

Dirección: ————————————————————

Teléfono: ————————————————————

Email: ————————————————————

Mejor momento para visitar: ————————————

☐ Revisita, primera visita:_____ ☐ Curso bíblico desde:_____

Intereses / Preguntas bíblicas:

Notas:

Fecha	Tema bíblico tratado	Material cubierto	Tarea/Pregunta pendiente

☐ Invitación a la conmemoración ☐ Invitación a la asamblea 91

Nombre: _____   Territorio

Dirección: _____

Teléfono: _____

Email: _____

Mejor momento para visitar: _____

☐ Revisita, primera visita:_____   ☐ Curso bíblico desde:_____

Intereses / Preguntas bíblicas:

Notas:

Fecha	Tema bíblico tratado	Material cubierto	Tarea/Pregunta pendiente

☐ Invitación a la conmemoración   ☐ Invitación a la asamblea

Nombre: _____ Territorio

Dirección: _____

Teléfono:_____

Email: _____

Mejor momento para visitar: _____

☐ Revisita, primera visita:_____ ☐ Curso bíblico desde:_____

Intereses / Preguntas bíblicas:

Notas:

Fecha	Tema bíblico tratado	Material cubierto	Tarea/Pregunta pendiente

☐ Invitación a la conmemoración   ☐ Invitación a la asamblea

Nombre: _____ Territorio

Dirección: _____

Teléfono: _____

Email: _____

Mejor momento para visitar: _____

☐ Revisita, primera visita:_____ ☐ Curso bíblico desde:_____

Intereses / Preguntas bíblicas:

Notas:

Fecha	Tema bíblico tratado	Material cubierto	Tarea/Pregunta pendiente

☐ Invitación a la conmemoración   ☐ Invitación a la asamblea

Nombre: _____ Territorio

Dirección: _____

Teléfono: _____

Email: _____

Mejor momento para visitar: _____

☐ Revisita, primera visita: _____   ☐ Curso bíblico desde: _____

Intereses / Preguntas bíblicas:

Notas:

Fecha	Tema bíblico tratado	Material cubierto	Tarea/Pregunta pendiente

☐ Invitación a la conmemoración   ☐ Invitación a la asamblea   95

Nombre: _____ Territorio
Dirección: _____
Teléfono: _____
Email: _____
Mejor momento para visitar: _____
◯ Revisita, primera visita:_____ ◯ Curso bíblico desde:_____

Intereses / Preguntas bíblicas:

Notas:

Fecha	Tema bíblico tratado	Material cubierto	Tarea/Pregunta pendiente

◯ Invitación a la conmemoración   ◯ Invitación a la asamblea

Nombre: _____ Territorio

Dirección: _____

Teléfono: _____

Email: _____

Mejor momento para visitar: _____

○ Revisita, primera visita:_____ ○ Curso bíblico desde:_____

Intereses / Preguntas bíblicas:

Notas:

Fecha	Tema bíblico tratado	Material cubierto	Tarea/Pregunta pendiente

○ Invitación a la conmemoración   ○ Invitación a la asamblea   97

Nombre: _____ Territorio

Dirección: _____

Teléfono: _____

Email: _____

Mejor momento para visitar: _____

◯ Revisita, primera visita:_____ ◯ Curso bíblico desde:_____

Intereses / Preguntas bíblicas:

Notas:

Fecha	Tema bíblico tratado	Material cubierto	Tarea/Pregunta pendiente

◯ Invitación a la conmemoración   ◯ Invitación a la asamblea

Nombre: _____ Territorio

Dirección: _____

Teléfono: _____

Email: _____

Mejor momento para visitar: _____

☐ Revisita, primera visita:_____ ☐ Curso bíblico desde:_____

Intereses / Preguntas bíblicas:

Notas:

Fecha	Tema bíblico tratado	Material cubierto	Tarea/Pregunta pendiente

☐ Invitación a la conmemoración   ☐ Invitación a la asamblea   99

Nombre: _____ Territorio

Dirección: _____

Teléfono: _____

Email: _____

Mejor momento para visitar: _____

☐ Revisita, primera visita:_____ ☐ Curso bíblico desde:_____

Intereses / Preguntas bíblicas:

Notas:

Fecha	Tema bíblico tratado	Material cubierto	Tarea/Pregunta pendiente

☐ Invitación a la conmemoración   ☐ Invitación a la asamblea

Nombre: _____ Territorio
Dirección: _____
Teléfono: _____
Email: _____
Mejor momento para visitar: _____
☐ Revisita, primera visita:_____ ☐ Curso bíblico desde:_____

Intereses / Preguntas bíblicas:

Notas:

Fecha	Tema bíblico tratado	Material cubierto	Tarea/Pregunta pendiente

☐ Invitación a la conmemoración   ☐ Invitación a la asamblea

Nombre: _____

Dirección: _____

Teléfono: _____

Email: _____

Mejor momento para visitar: _____

☐ Revisita, primera visita:_____ ☐ Curso bíblico desde:_____

Territorio

Intereses / Preguntas bíblicas:

Notas:

Fecha	Tema bíblico tratado	Material cubierto	Tarea/Pregunta pendiente

☐ Invitación a la conmemoración   ☐ Invitación a la asamblea

Nombre: _____ Territorio

Dirección: _____

Teléfono: _____

Email: _____

Mejor momento para visitar: _____

☐ Revisita, primera visita:_____ ☐ Curso bíblico desde:_____

Intereses / Preguntas bíblicas:

Notas:

Fecha	Tema bíblico tratado	Material cubierto	Tarea/Pregunta pendiente

☐ Invitación a la conmemoración   ☐ Invitación a la asamblea   103

Nombre: _____ Territorio

Dirección: _____

Teléfono: _____

Email: _____

Mejor momento para visitar: _____

⬭ Revisita, primera visita: _____ ⬭ Curso bíblico desde: _____

Intereses / Preguntas bíblicas:

Notas:

Fecha	Tema bíblico tratado	Material cubierto	Tarea/Pregunta pendiente

⬭ Invitación a la conmemoración   ⬭ Invitación a la asamblea

Nombre: _____

Dirección: _____

Teléfono: _____

Email: _____

Mejor momento para visitar: _____

Territorio

☐ Revisita, primera visita: _____   ☐ Curso bíblico desde: _____

Intereses / Preguntas bíblicas:

Notas:

Fecha	Tema bíblico tratado	Material cubierto	Tarea/Pregunta pendiente

☐ Invitación a la conmemoración   ☐ Invitación a la asamblea   105

Nombre: _____

Dirección: _____

Teléfono: _____

Email: _____

Mejor momento para visitar: _____

Territorio

○ Revisita, primera visita: _____   ○ Curso bíblico desde: _____

Intereses / Preguntas bíblicas:

Notas:

Fecha	Tema bíblico tratado	Material cubierto	Tarea/Pregunta pendiente

○ Invitación a la conmemoración   ○ Invitación a la asamblea

Nombre: _____   Territorio
Dirección: _____
Teléfono: _____
Email: _____
Mejor momento para visitar: _____
O Revisita, primera visita:_____   O Curso bíblico desde:_____

Intereses / Preguntas bíblicas:

Notas:

Fecha	Tema bíblico tratado	Material cubierto	Tarea/Pregunta pendiente

O Invitación a la conmemoración   O Invitación a la asamblea   107

Nombre: _____ Territorio
Dirección: _____
Teléfono:_____
Email: _____
Mejor momento para visitar: _____
◯ Revisita, primera visita:_____ ◯ Curso bíblico desde:_____

Intereses / Preguntas bíblicas:

Notas:

Fecha	Tema bíblico tratado	Material cubierto	Tarea/Pregunta pendiente

◯ Invitación a la conmemoración   ◯ Invitación a la asamblea

Nombre: _____

Dirección: _____

Teléfono: _____

Email: _____

Mejor momento para visitar: _____

○ Revisita, primera visita:_____   ○ Curso bíblico desde:_____

Territorio

Intereses / Preguntas bíblicas:

Notas:

Fecha	Tema bíblico tratado	Material cubierto	Tarea/Pregunta pendiente

○ Invitación a la conmemoración   ○ Invitación a la asamblea   109

Nombre: ———————————————————— Territorio

Dirección: ————————————————————

Teléfono:————————————————————

Email: ————————————————————

Mejor momento para visitar: ————————————

☐ Revisita, primera visita:_____ ☐ Curso bíblico desde:_____

Intereses / Preguntas bíblicas:

Notas:

Fecha	Tema bíblico tratado	Material cubierto	Tarea/Pregunta pendiente

☐ Invitación a la conmemoración   ☐ Invitación a la asamblea

Nombre: ―――――――――――――――――――――――― Territorio

Dirección: ――――――――――――――――――――

Teléfono: ――――――――――――――――――――

Email: ―――――――――――――――――――――――

Mejor momento para visitar: ――――――――――――

☐ Revisita, primera visita:＿＿＿＿＿ ☐ Curso bíblico desde:＿＿＿＿＿

Intereses / Preguntas bíblicas:

Notas:

Fecha	Tema bíblico tratado	Material cubierto	Tarea/Pregunta pendiente

☐ Invitación a la conmemoración   ☐ Invitación a la asamblea   111

Nombre: _____   Territorio
Dirección: _____
Teléfono: _____
Email: _____
Mejor momento para visitar: _____
☐ Revisita, primera visita:_____   ☐ Curso bíblico desde:_____

Intereses / Preguntas bíblicas:

Notas:

Fecha	Tema bíblico tratado	Material cubierto	Tarea/Pregunta pendiente

☐ Invitación a la conmemoración   ☐ Invitación a la asamblea

Nombre: _____   Territorio
Dirección: _____
Teléfono:_____
Email: _____
Mejor momento para visitar: _____
☐ Revisita, primera visita:_____ ☐ Curso bíblico desde:_____

Intereses / Preguntas bíblicas:

Notas:

Fecha	Tema bíblico tratado	Material cubierto	Tarea/Pregunta pendiente

☐ Invitación a la conmemoración   ☐ Invitación a la asamblea   113

Nombre: ———————————————————————— Territorio

Dirección: ——————————————————————

Teléfono:———————————————————————

Email: ————————————————————————

Mejor momento para visitar: ——————————————

☐ Revisita, primera visita:_____ ☐ Curso bíblico desde:_____

Intereses / Preguntas bíblicas:

Notas:

Fecha	Tema bíblico tratado	Material cubierto	Tarea/Pregunta pendiente

☐ Invitación a la conmemoración   ☐ Invitación a la asamblea

Nombre: _____ Territorio

Dirección: _____

Teléfono: _____

Email: _____

Mejor momento para visitar: _____

◯ Revisita, primera visita:_____ ◯ Curso bíblico desde:_____

Intereses / Preguntas bíblicas:

Notas:

Fecha	Tema bíblico tratado	Material cubierto	Tarea/Pregunta pendiente

◯ Invitación a la conmemoración   ◯ Invitación a la asamblea   115

Nombre: _____ Territorio

Dirección: _____

Teléfono:_____

Email: _____

Mejor momento para visitar: _____

☐ Revisita, primera visita:_____   ☐ Curso bíblico desde:_____

Intereses / Preguntas bíblicas:

Notas:

Fecha	Tema bíblico tratado	Material cubierto	Tarea/Pregunta pendiente

☐ Invitación a la conmemoración   ☐ Invitación a la asamblea

Nombre: _____   Territorio

Dirección: _____

Teléfono: _____

Email: _____

Mejor momento para visitar: _____

☐ Revisita, primera visita:_____   ☐ Curso bíblico desde:_____

Intereses / Preguntas bíblicas:

Notas:

Fecha	Tema bíblico tratado	Material cubierto	Tarea/Pregunta pendiente

☐ Invitación a la conmemoración   ☐ Invitación a la asamblea

Nombre: _____

Dirección: _____

Teléfono: _____

Email: _____

Mejor momento para visitar: _____

Territorio

☐ Revisita, primera visita: _____   ☐ Curso bíblico desde: _____

Intereses / Preguntas bíblicas:

Notas:

Fecha	Tema bíblico tratado	Material cubierto	Tarea/Pregunta pendiente

☐ Invitación a la conmemoración   ☐ Invitación a la asamblea

Nombre: _____ Territorio

Dirección: _____

Teléfono: _____

Email: _____

Mejor momento para visitar: _____

☐ Revisita, primera visita: _____ ☐ Curso bíblico desde: _____

Intereses / Preguntas bíblicas:

Notas:

Fecha	Tema bíblico tratado	Material cubierto	Tarea/Pregunta pendiente

☐ Invitación a la conmemoración   ☐ Invitación a la asamblea

Nombre: _____   Territorio

Dirección: _____

Teléfono: _____

Email: _____

Mejor momento para visitar: _____

☐ Revisita, primera visita:_____ ☐ Curso bíblico desde:_____

Intereses / Preguntas bíblicas:

Notas:

Fecha	Tema bíblico tratado	Material cubierto	Tarea/Pregunta pendiente

☐ Invitación a la conmemoración   ☐ Invitación a la asamblea

Nombre: _____ Territorio
Dirección: _____
Teléfono: _____
Email: _____
Mejor momento para visitar: _____
☐ Revisita, primera visita:_____ ☐ Curso bíblico desde:_____

Intereses / Preguntas bíblicas:

Notas:

Fecha	Tema bíblico tratado	Material cubierto	Tarea/Pregunta pendiente

☐ Invitación a la conmemoración   ☐ Invitación a la asamblea

Índice

Escribe el nombre de las personas a quienes les enseñas sobre la Biblia y la página donde anotas su información.

A

_____ _____

_____ _____

_____ _____

_____ _____

_____ _____

_____ _____

_____ _____

B

_____ _____

_____ _____

_____ _____

_____ _____

_____ _____

_____ _____

_____ _____

C

_____ _____

_____ _____

_____ _____

_____ _____

_____ _____

_____ _____

_____ _____

D

_____ _____

_____ _____

_____ _____

_____ _____

_____ _____

_____ _____

_____ _____

C

D

E

F

G

H

I

J

K

L

M

N

Ñ

O

P

Q

R

S

T

U

V

W

X

Y

Z

... haz tu trabajo de evangelizador y cumple completamente tu ministerio.

2 Timoteo 4:5

Made in United States
Orlando, FL
07 June 2023